La Breve Historia de las Guerras de Afganistán

Operación Ciclón, los Muyahidines, las Guerras Civiles Afganas, la Invasión Soviética y el Ascenso de los Talibanes

Descargo de responsabilidad

1

Introducción

La Guerra de Afganistán (en ruso: Афганская война;
Afganskaya wojna) comenzó con la llegada soviético-rusa
a Afganistán el 24 de diciembre de 1979. Esta guerra
entre la Unión Soviética, por un lado, y los muyahidines
(combatientes de la resistencia islámica), por otro, terminó
el 15 de febrero de 1989 con la retirada de las tropas
soviéticas de Afganistán, tras lo cual estalló la Guerra Civil
Afgana.

Índice

Historia anterior

Afganistán ha tenido varias esferas de influencia en el pasado. En el siglo XIX, desde el norte, el Imperio Ruso llegó cada vez más al sur, con el objetivo último de un puerto meridional junto al mar. A partir de ahí, el Imperio Británico intentó dejar su huella en la región, debido a su valor geoestratégico para los británicos con el fin de amortiguar a la India británica, su colonia de la corona, del expansionismo zarista (véase El Gran Juego). Tres veces hicieron la guerra contra los shahs de Afganistán: la Primera Guerra Británico-Afgana (1838-1842), la Segunda Guerra Británico-Afgana (1878-1880) y la Tercera Guerra Británico-Afgana (1919), sin éxito. Sin embargo, consiguieron situar la zona dentro de su esfera de influencia. Con la independencia de India y Pakistán en 1947, la importancia geoestratégica desapareció y la influencia soviética aumentó.

Antesala del comunismo

De 1933 a 1973, el rey Mohammed Zahir Shah gobernó Afganistán. De 1953 a 1963, su sobrino Mohammed Daoed Khan fue primer ministro bajo su gobierno. A partir de 1959, las mujeres dejaron de estar obligadas a llevar velo y se les permitió estudiar en escuelas y universidades. En 1965 se instauró un parlamento con elecciones libres. Durante estos años, el partido procomunista de Afganistán, el Partido Democrático Popular de Afganistán, fuertemente afiliado a la Unión Soviética, experimentó un gran crecimiento. En 1967, se produjo una escisión dentro de este partido en dos grupos: el Khalq (Masa Popular), dirigido por Nur Muhammad Taraki y Hafizullah Amin, y el Parcham (Bandera), dirigido por Babrak Karmal.

Mohammed Zahir Shah

Mohammed Zahir Shah (pastún: شاه ظاهر محمد, persa: محمد ظاهرشاه) (Kabul, 15 de octubre de 1914 - allí, 23 de julio de 2007) fue el último rey (sha) de Afganistán. Gobernó durante un total de cuatro décadas, desde 1933 hasta un golpe de Estado en 1973. A su regreso del exilio, en 2002, recibió el título de Padre de la Nación.

Antecedentes de Zahir Shah

Zahir Shah nació en Kabul como hijo de Mohammed Nadir Shah, jefe de la familia real (del clan Mohumedzai, tributario de la dinastía Barakzai) y jefe del ejército afgano bajo el mandato del antiguo Shah Amanoellah Khan. Nadir Shah ascendió al trono tras la ejecución de Habiboellah

Kalakani el 10 de octubre de 1929. El padre de Mohammed Zahir nació en Dehradun (India), ya que su familia se exilió a raíz de la segunda guerra anglo-afgana.

Nadir Shah era descendiente de Mohammad Yusuf Khan Telai, hermanastro de Dost Mohammed Khan. Su bisabuelo Mohammad Yahya Khan fue el responsable de la negociación entre Yaqub Khan y los británicos que desembocó en el Pacto de Gandamak. A la invasión británica siguió el asesinato de Sir Louis Cavagnari en 1879. Yakub Khan y Yahya Khan fueron capturados por los británicos y llevados a la India, donde permanecieron retenidos hasta que el emir Abdoer Rahman Khan los llamó de vuelta a Afganistán en el último año de su gobierno (1901).

Zahir Shah fue escolarizado en una clase especial para príncipes en la escuela Habibia de Kabul. Continuó sus estudios en Francia, donde su padre fue enviado en misión diplomática. Estudió en el Instituto Pasteur y en la Universidad de Montpellier. Tras regresar a Afganistán, ayudó a su padre y a sus tíos a restablecer el orden durante un periodo de caos en su país. Más tarde participó en una escuela militar y fue nombrado ministro privado.

Zahir Shah sirvió en el gobierno en puestos como los de ministro de Guerra y ministro de Educación.

Zahir Shah hablaba con fluidez pastún, persa y un poco de francés, inglés e italiano. Su preferencia por el persa le dio gran prestigio entre el grupo más importante del país, la élite de Kabul.

Reinado de Zahir Shah

Zahir pasó por la escuela de infantería de Kabul y por un liceo en Montpellier (Francia). En 1932 fue nombrado Ministro de Educación. Menos de un año después, tras el asesinato de su padre Mohammed Nadir Shah el 8 de noviembre de 1933, Zahid Khan fue nombrado sha. Al acceder al trono, recibió el título de Fideicomisario de Dios, seguidor de la religión del Islam. Sin embargo, durante los primeros 30 años tuvo que compartir el poder con sus tíos Mohammad Hashim Khan y Shah Mahmoed Khan.

En este periodo se produjo un crecimiento de las relaciones de Afganistán con la comunidad internacional. En 1934, Afganistán se convirtió en miembro de la Sociedad de Naciones y recibió el pleno reconocimiento de Estados Unidos. Notablemente, durante la década de 1930, Afganistán llegó a acuerdos de ayuda exterior con sus principales socios comerciales: Alemania, Italia y Japón.

Durante su gobierno, Zahir intentó llevar a cabo modernizaciones. Aunque mantuvo estrechas relaciones con la vecina Unión Soviética, siguió una política exterior totalmente independiente. Debido a intrigas en el seno de la familia real, su posición se debilitó considerablemente durante la década de 1960. De hecho, la administración del país fue observada durante años por miembros de la familia, entre ellos un tío y su sobrino Muhammad Daoed Khan. Este sobrino depuso a Zahir el 17 de julio de 1973 mientras se encontraba en Italia para recibir tratamiento médico. Daoed Khan abolió la monarquía y se autoproclamó presidente. Seis años después, en 1979, fue asesinado por los comunistas.

Desde su declaración en 1973 hasta 2002, Mohammed Zahir Shah vivió con su familia en el suburbio romano de Olgiata, donde cultivaba tomates. Durante la ocupación comunista de Afganistán y la posterior guerra civil, recibió la visita de numerosos compatriotas y diplomáticos internacionales con la esperanza de que pudieran atraerlo para que desempeñara un papel clave en la reconciliación de las numerosas facciones afganas.

Finalmente, en 2002, a la edad de 87 años, Zahir Shah fue el factor decisivo en la formación del gobierno de Karzai. En consecuencia, después de que Karzai fuera designado líder de un gobierno de transición en la conferencia de Petersberg, cerca de Bonn, viajó sin demora a Roma, donde Zahir Shah le dio la "bendición paternal". El ex rey pidió la organización de una Loya jirga, un consejo constituyente en presencia de todos los jefes, administradores y líderes étnicos y espirituales del país. Karzai acompañó personalmente al antiguo monarca en abril de 2002 en su viaje de Roma a Kabul, donde Zahir iba a dirigir esta reunión extraordinaria.

Desde entonces, Zahir Shah volvió a vivir en Kabul, donde, entre otras cosas, asistió a la instalación del primer parlamento de posguerra el 19 de diciembre de 2005 y se dirigió a los parlamentarios.El 23 de julio de 2007, murió a los 92 años, tras un mes de enfermedad. El Presidente Karzai declaró tres días de luto nacional.

El golpe de 1973

Daoed organizó un golpe con la ayuda de oficiales comunistas del ejército. El 17 de julio de 1973, Daoed llegó al poder tras deponer al rey Zahir Shah debido a la mala situación económica y las sospechas de corrupción. Se proclamó presidente de la nueva república, poniendo fin a la monarquía.

En el gobierno de Daoed entraron miembros de la facción comunista Parcham. Se eliminaron las libertades civiles y se reprimió a los opositores políticos. Las reformas socioeconómicas de Daud no tuvieron mucho éxito y su

13

gobierno se convirtió en un Estado de izquierdas unipartidista. La dependencia de la Unión Soviética era una espina clavada para Daud, que buscó el acercamiento a otros países islámicos, como Irán y Pakistán, pero rechazó el islamismo. En 1975, Daud destituyó a los comunistas de su gobierno. Impulsado por las malas condiciones, el Partido Democrático Popular volvió a unirse, bajo la presión de la Unión Soviética.

¿Quién era Daoed Khan?

Muhammad Daoed Khan (pastún: خان داوود محمد) (Kabul, 18 de julio de 1909 - allí, 28 de abril de 1978) fue un sardar (príncipe) y estadista afgano. Daoed Khan pertenecía a la familia real de Afganistán y era sobrino y cuñado del rey Mohammed Zahir Shah.

Daoed recibió formación militar en Francia y la India británica (actual India) y ocupó diversos cargos diplomáticos desde la década de 1930. En la década de 1930, Daoed fue gobernador. En 1939 alcanzó el rango de teniente general del ejército. En 1953, Daoed Khan se convirtió en primer ministro. Presentó un plan de reforma masiva. Con la ayuda de la Unión Soviética y Estados Unidos, se mejoraron las infraestructuras afganas y se construyeron aeropuertos. Daoed también hizo campaña por la emancipación de la mujer. Debido a los buenos contactos que mantenía con la Unión Soviética, a veces se le llamaba el "Príncipe Rojo". En 1963, Daud fue apartado por el rey Zahir Shah, que en 1965 dotó a Afganistán de una nueva constitución y convocó elecciones. Con la nueva Constitución, los miembros cercanos de la familia real ya no pueden ocupar cargos ministeriales.

Desde principios de la década de 1970, Daoed buscó contactos con políticos liberales, intelectuales de izquierdas, pero sobre todo con militares.

Primer presidente de Afganistán

El 17 de julio de 1973, Daoed, con la colaboración de algunos comunistas y militares de izquierda, dio un golpe de Estado que acabó con la monarquía. Daoed se convirtió en presidente y primer ministro de la República de Afganistán. Algunos políticos y militares de izquierda formaron parte del gobierno, pero en 1975 fueron sustituidos por ministros conservadores y familiares de Daoed Khan. En diciembre de 1976, fracasó un intento de golpe de Estado dirigido por el general Mir Achmad Shah, que se tramó para derrocarlo.

A principios de 1977, la Loya jirga, la primera asamblea tradicional de ancianos desde el golpe del 17 de julio de 1973, adoptó una nueva constitución que convertía a Afganistán en un Estado unipartidista con el Partido Nacional Revolucionario (HIM, Hezb-e Inqelab-e Milli) como único partido permitido. La sharia (ley islámica) fue declarada ley suprema.

Como presidente, Daoed Khan buscó la neutralidad. Rechazó la adhesión de Afganistán al CENVO.

El 28 de abril de 1978, los militares izquierdistas comandante Aslam Watanjer y coronel Abdoel Qadir dieron un golpe de Estado. En el proceso, el presidente Daoed y 17 miembros de su familia y asociados fueron ejecutados y los comunistas prorrusos del Partido Democrático Popular de Afganistán llegaron al poder.

Hallazgo del cadáver y nuevo entierro

El paradero de los cuerpos de Khan y sus seguidores se había mantenido en la oscuridad durante mucho tiempo. En julio de 2008, por orden de un general que participó en su enterramiento en 1978, se descubrió una fosa común en la región de Pul-e Charkhi, al este de Kabul. El 4 de diciembre de ese año, el Ministerio de Sanidad afgano anunció que se había determinado que uno de los 17 cadáveres exhumados era el de Khan. Se llegó a esta conclusión basándose en los registros dentales y en la proximidad de un Corán dorado, que el presidente había recibido del rey de Arabia Saudí.

El 17 de marzo de 2009, los cadáveres de Khan y 15 familiares fueron enterrados oficialmente en una colina a las afueras de Kabul, tras una ceremonia en el antiguo palacio presidencial a la que asistieron el presidente Hamid Karzai, ministros y generales, además de familiares.

Nur Muhammad Taraki

Daoed fue destituido en el golpe comunista del 27 de abril de 1978. Daoed y gran parte de su familia fueron asesinados posteriormente por miembros de este partido el 27 de abril de 1978. El secretario general del partido, Nur Muhammad Taraki, se convirtió entonces en primer ministro y presidente. Tras el golpe, unos 10.000 partidarios del antiguo gobierno fueron asesinados por los comunistas. Entre 14.000 y 20.000 personas fueron encarceladas. Las reformas de Taraki tampoco tuvieron éxito, lo que le obligó a ceder el cargo de primer ministro a su antiguo compañero líder del Jalq, el más radical Hafizullah Amin. Sin embargo, la resistencia se intensificó, lo que llevó a Taraki a enterarse en la Unión Soviética de que Amin debía ser eliminado. Amin olió la traición y mandó estrangular a Taraki tras su regreso de la Unión Soviética.

El gobierno comunista rompió con la vida tradicional de la sociedad afgana. Se abolieron las deudas e hipotecas relacionadas con la producción agrícola y se difundió propaganda antirreligiosa. En julio de 1978 se produjeron las primeras revueltas. El gobierno comunista y sus asesores soviéticos utilizaron la violencia a gran escala. En marzo de 1979, 1.700 hombres y niños de la aldea de Kerala, en la provincia de Kunar, fueron reunidos en la plaza de la aldea y asesinados a tiros con ametralladoras por las tropas gubernamentales. Los cadáveres y los heridos fueron arrojados a tres fosas comunes y enterrados con excavadoras. Durante algún tiempo, las mujeres pudieron ver cómo se movía el suelo a causa de los heridos que intentaban escapar de la tumba.

Sin embargo, Amin perdió autoridad en favor de los muyahidines, un movimiento de resistencia islámica. El apoyo soviético se amplió; en marzo de 1979, se utilizaron varios MiG con base soviética para bombardear Herat, que estaba en manos de combatientes anticomunistas. El bombardeo y la posterior toma de la ciudad por las fuerzas terrestres causaron la muerte de entre 5.000 y 25.000 personas, de una población total de 200.000 habitantes. El ataque a Herat provocó importantes revueltas en todo el país. Esto intensificó el apoyo de la Unión Soviética. En la prisión de Pul-e-Charkhi se asesinaba a cientos de personas al día, algunas enterradas vivas en letrinas. En septiembre de 1979, la administración penitenciaria

21

reconoció que más de 12.000 presos habían sido
asesinados.

Muyahidín

Muyahidín es la forma plural de muyahid (مجاهد), que literalmente significa en árabe "combatiente", "zelote", alguien comprometido con la yihad o "lucha", pero a menudo se traduce como guerrero santo. A finales del siglo XX, el término muyahidín se utilizaba a menudo en los medios de comunicación para describir a diversos combatientes armados que se adherían a ideologías fundamentalistas musulmanas.

Muyahidines afganos

Los muyaidines más conocidos y temidos fueron los diversos grupos de oposición aliados que lucharon contra la invasión soviética de Afganistán entre 1979 y 1989, y luego se enfrentaron entre sí en la posterior guerra civil. Estos muyahidines fueron financiados, armados y entrenados principalmente por Estados Unidos (bajo las presidencias de Jimmy Carter y Ronald Reagan), China, Pakistán y Arabia Saudí. Carter inició esta operación (encubierta) con el nombre de "Operación Ciclón". Reagan llamó a estos muyaidines "luchadores por la libertad ... que defienden los principios de independencia y libertad que constituyen la base de la seguridad y la estabilidad mundiales".

En Occidente, los muyahidines fueron retratados positivamente en las populares películas de acción The Living Daylights, Rambo III y Charlie Wilson's War. Tras la retirada de los soviéticos, los muyaidines se desintegraron en dos facciones enfrentadas, la Alianza del Norte y los talibanes, que se enfrentaron en una guerra civil por el control de Afganistán.

El acaudalado saudí Osama bin Laden fue un destacado organizador y financiero de los Muyahidines; su Maktab al-Jadamat (MAK), "Oficina de Servicios", canalizaba dinero, armas y combatientes islámicos de todo el mundo hacia Afganistán, con el apoyo de los gobiernos estadounidense, paquistaní y saudí. En 1988, Bin Laden rompió con el MAK, junto con otros miembros militantes, y formó Al Qaeda, para convertir la resistencia contra la Unión Soviética en un movimiento islámico fundamentalista global.

La intervención soviética

El núcleo del Politburó (Aleksey Kosygin, Konstantin Chernenko y Yuri Andropov) propuso un cambio de rumbo. Leonid Brezhnev estuvo de acuerdo. El 24 de diciembre de 1979 se produjo la intervención soviética en Afganistán. Amín lo sabía de antemano y había dado su consentimiento (Braithwaite 2011, p. 87).

Un cocinero soviético intentó envenenar a Amin, pero fracasó porque bebió Coca-Cola, cuyo ácido actuó sobre el veneno. En consecuencia, las tropas soviéticas enviadas para proteger el palacio bombardearon ellas mismas el palacio de Amin. Lo encontraron muerto en el bar del tercer piso.

El dócil Babrak Karmal llegó al poder. Su actualización del Islam resultó insuficiente. Además, la presencia de los soldados soviéticos ateos era una razón más para la resistencia.

La CIA apoyó a los insurgentes con armas suministradas a través del servicio secreto de Pakistán. Se trataba de una política anticomunista de Zbigniew Brzeziński y, más tarde, de Ronald Reagan. Los insurgentes recibieron primero fusiles Lee-Enfield británicos, armas antitanque y, finalmente, misiles Stinger, que un soldado de infantería podía disparar desde el hombro para derribar helicópteros o aviones. La CIA suministró armas por valor de 1.000 millones de dólares.

Durante los nueve años de guerra, el ejército soviético y los comunistas afganos no consiguieron controlar más del 20% del territorio del país.

Oficialmente, los afganos tuvieron que pagar con recursos la intervención soviética. En total, se enviaron al país más de 600.000 soldados soviéticos, 14.751 de los cuales murieron. Desde los helicópteros rusos se lanzaron mujeres y se destruyeron pueblos enteros.

El ejército soviético se mostró incapaz de derrotar a los muyahidines. Estados Unidos desconfiaba de los soviéticos porque Afganistán les acercaba a los pozos de petróleo. La condena de las Naciones Unidas dificultó aún más las cosas.

La llegada al poder de Mijaíl Gorbachov condujo a la retirada de Afganistán. En su libro Perestroika, Mijaíl Gorbachov escribió en 1987 que el propósito de la invasión era "romper los esquemas medievales" para "modernizar las instituciones políticas y sociales y poner el progreso en una marcha superior". También escribió: "Queremos que nuestros soldados vuelvan a casa lo antes posible (...) La Unión Soviética quiere que Afganistán sea independiente, soberano y no alineado, como antes.

El Estado afgano tiene el derecho soberano de decidir qué camino va a tomar, qué gobierno va a tener y qué programas de desarrollo se van a poner en marcha.

La interferencia estadounidense retrasa la retirada de nuestras tropas y obstaculiza la introducción de la política de reconciliación nacional y, por tanto, la resolución de toda la cuestión afgana".

No fue hasta 1989 cuando la Unión Soviética se retiró de ese país. En su retirada, atacaron a la milicia norteña de Achmed Shah Massoud por deseo del gobierno central, aunque se le había prometido una retirada libre.

La guerra creó cinco millones de refugiados en Pakistán e Irán. Se calcula que murieron entre 1,5 y 2 millones de personas, el 90% de ellas civiles.

Después de la guerra

Tras la guerra, las divisiones en Afganistán entre los muyahidines crearon una guerra civil. En 1996, los

29

talibanes llegaron al poder y la situación se estabilizó en gran medida. Tras los atentados del 11 de septiembre de 2001, los estadounidenses acusaron a los talibanes de apoyar a Al Qaeda, el movimiento terrorista de Osama bin Laden, y los estadounidenses y sus aliados decidieron declarar la guerra a los talibanes. La fuerza multinacional ISAF está colaborando en el proceso de democratización.

Guerra civil afgana (1989-2001)

La Guerra Civil Afgana representa un episodio de la historia moderna de Afganistán, desde febrero de 1989 hasta octubre de 2001, dentro de la guerra más amplia que asola Afganistán desde 1978.

El conflicto comenzó con un golpe comunista en abril de 1978, conocido como la Revolución de Saur. En 1979 estallaron varios levantamientos contra el nuevo régimen comunista. La intervención soviético-rusa en Afganistán (1979-1989) tenía como objetivo apoyar al régimen comunista contra las revueltas. Esto se debió en parte a que combatientes islamistas de muchos países se sintieron llamados a expulsar a los comunistas "impíos" del país. Algunos de estos rebeldes recibieron el apoyo de Estados Unidos, que aprovechó esta oportunidad para debilitar a la Unión Soviética, su archienemigo durante la Guerra Fría. El Ejército Rojo fue derrotado y abandonó el país en febrero de 1989.

Ya entre 1987 y 1989, varias facciones rebeldes islamistas se enfrentaron entre sí mientras los rusos seguían en el país. Según varios informes publicados en la década de

31

1980, el Hezb-i Islami de Gulbuddin Hekmatyar, en particular, adquirió mala reputación por atacar a otros grupos de la resistencia, especialmente al de Ahmad Shah Massoud, y asaltar o bloquear sus suministros de alimentos y armas y las caravanas de las organizaciones de ayuda.

Ejecutar

La guerra pasó por varias fases y fue el resultado de anteriores conflictos armados en Afganistán, que comenzaron en abril de 1978. La retirada de las tropas soviéticas en febrero de 1989 puede considerarse el comienzo de la guerra civil afgana, pero en esencia, antes de eso ya había habido años de conflicto armado entre las diversas facciones rebeldes. En realidad, la guerra civil tampoco "terminó" nunca; se desbordó en una nueva guerra con la intervención estadounidense de 2001.

La historia de la invasión rusa

Es una fría tarde de abril de 1980. El sol se oculta tras los picos nevados de las montañas del Hindu Kush mientras una columna de vehículos del ejército ruso atraviesa el paisaje montañoso. El ruido de tanques y camiones inunda el valle de Panjshir, al norte de la capital afgana, Kabul. El convoy llega a un paso estrecho con un precipicio a un lado y un acantilado escarpado y rocoso al otro.

Vladimir Polyakov, de 25 años, está disfrutando de la vista de las hermosas montañas cuando, de repente, oye algo. El oficial, alto y moreno, se da cuenta de que están siendo atacados por rebeldes locales -los llamados muyahidines- y, pocos segundos después, su unidad queda sepultada bajo las balas y las granadas. Él y sus hombres saltan de sus camiones y se ponen a cubierto detrás de las rocas.

Durante minutos, el teniente escucha cómo sus soldados están bajo un intenso fuego de un enemigo invisible. Se da cuenta de que los rusos no sobrevivirán a este ataque si siguen escondiéndose tras las rocas. Polyakov hace un gesto a sus hombres para que suban por la escarpada ladera de la montaña y ataquen a los muyahidines en su meseta. Pero cuando por fin llegan allí, los afganos ya se han ido, han desaparecido en plena noche.

Al amanecer, los rusos bajaron sigilosamente por la ladera de la montaña y, bajo el sol de la mañana, contaron unos 25 camaradas muertos en la emboscada. Probablemente los rusos no hirieron ni a un moedjahedien. Abatidos, levantan a los soldados caídos del suelo empapado de sangre.

Polyakov y sus compatriotas han llegado a Afganistán para librar una heroica batalla por el comunismo. Pero apenas cinco meses después de la invasión rusa del país vecino, los soldados se dan cuenta de que la guerra les costará cara... y los problemas no han hecho más que empezar.

La Unión Soviética quiere un vecino comunista

En la década de 1970, la Unión Soviética se interesó cada vez más por un Afganistán devastado por la guerra. De hecho, el árido país vecino, con sus montañas y desiertos, no interesaba especialmente a la superpotencia, pero, debido a la Guerra Fría, quería una "zona tampón" de aliados.

Por ello, Moscú contempló con satisfacción la llegada al poder del Partido Comunista Afgano, el PDPA, en 1978, tras un golpe de Estado.

El PDPA introduce el derecho de voto para las mujeres, la prohibición de los matrimonios forzados y reformas en la línea rusa. Pero casi todos los 20 millones de afganos son musulmanes, y las reformas provocan un levantamiento entre los grupos islamistas, que inician una lucha armada contra el gobierno.

Las cosas también están revueltas en el seno de la APDP. En otoño de 1979, Hafizullah Amin ejecutó al anterior presidente y se hizo con el poder.

De todos modos, Moscú empieza a preocuparse. Los dirigentes soviéticos, encabezados por Leonid Brézhnev, no confían en Amín, quien, según los rusos, es más proamericano que su predecesor. Por ello, el Kremlin decide intervenir en Afganistán. Los rusos quieren matar dos pájaros de un tiro: poner en el poder a un líder prorruso -el comunista Babrak Karmal- y hacer algo contra la amenaza de los rebeldes afganos, que cuentan con el apoyo de sus vecinos musulmanes.

Se ha decidido enviar varias unidades rusas a la República Democrática de Afganistán. Se estacionarán en las regiones del sur del país para prevenir cualquier acción antiafgana de los países vecinos", reza una instrucción de Moscú del 24 de diciembre de 1979.

Los rusos también deciden deshacerse de Amin. En diciembre, ya habían intentado matarle haciendo que un cocinero ruso pusiera veneno en su querida Coca-Cola.

El atentado fracasó: sólo el sobrino de Amin cayó en coma al probar el refresco de cola. Para evitar nuevos errores, los rusos envían a los Spetsnaz a Kabul.

Soldados de élite liquidan a un líder

En la mañana del 27 de diciembre, Hafizullah Amin está de buen humor. Esto se debe a que acaba de enterarse de que Moscú le enviará soldados para luchar contra los rebeldes musulmanes. Lo que no sabe es que él mismo está en el punto de mira de los rusos y que los soldados de élite Spetsnaz están listos para asaltar el palacio Tajbeg, a las afueras de Kabul.

Los soldados Spetsnaz abren fuego contra los soldados gubernamentales que defienden el palacio a las 19.30 horas. Vehículos blindados rusos suben rápidamente por la colina hacia el palacio, lanzando granadas y disparando a su alrededor con Kalashnikovs. Cuando llegan al palacio, los soldados de élite saltan y entran por la fuerza a través de las ventanas.

Cuando el último tanque soviético salió del país, el gobierno socialista de la República Democrática de Afganistán aún controlaba la mayoría de las grandes ciudades y las carreteras entre ellas, mientras que las zonas rurales habían caído en manos de diversas milicias. Estas diversas facciones rebeldes, casi todas de signo islámico, lucharon entonces contra el gobierno durante tres años más, hasta que en abril de 1992 la capital,

37

Kabul, cayó finalmente en sus manos y el presidente Mohammed Nadjiboellah se vio obligado a dimitir el 15 de abril.

Como los rusos han vuelto a intentar envenenar al duro Amin durante el almuerzo, es atendido por dos médicos mientras el palacio es atacado. Es un caos total, pero Amin sigue convencido de que los rusos están de su lado. Optimista, le dice a su ayudante: "¡Los rusos quieren ayudar!". Cuando el ayudante dice que, después de todo, son los rusos quienes les atacan, Amin le tira un cenicero a la cabeza. Se niega a creerle.

Pero tras intentar infructuosamente llamar a los rusos unas cuantas veces, se hunde en su silla, desconcertado, y murmura: "Lo sabía. Es verdad.

Los Spetsnaz conquistan los pasillos del palacio, los disparos suenan por todas partes. A través del ruido, el hijo de 5 años de Amin corre hacia su padre y se agarra a sus piernas.

Tenemos que irnos. Esto es peligroso. Ya no nos necesita", le dice un médico al otro antes de marcharse.

Segundos después, soldados rusos alcanzan al presidente. Le disparan con fusiles automáticos y, por seguridad, lanzan también una granada. Amin y su hijo son despedazados.

Antes de que salga el sol a la mañana siguiente, otras tropas rusas han capturado edificios gubernamentales y emisoras de radio y televisión en Kabul. Durante las noticias de la mañana, Radio Kabul informa de que Hafizullah Amin ha sido juzgado y ejecutado como "enemigo del pueblo". Babrak Karmal es el nuevo líder del país.

Al mismo tiempo, casi 100.000 soldados soviéticos y miles de vehículos del ejército cruzan la frontera y se extienden como un abanico por Afganistán. Moscú piensa que una vez que el ejército tenga el control de las ciudades, la industria y las líneas de transporte, todo irá bien. Los soldados brillan de orgullo.

Nos dijeron que habíamos tenido suerte. Nos habían concedido el gran honor de llevar a cabo una misión internacional en Afganistán en nombre del Partido", me dijo Ivan Kovalchuk, soldado ruso de 20 años.

39

Durante los primeros días, el avance va bien y el ejército de ocupación rebosa optimismo y confianza en sí mismo. La misión parece destinada a ser un gran éxito. Pero los rusos han subestimado gravemente a sus oponentes afganos.

Los musulmanes contraatacan

Mientras los tanques rusos se adentran en Afganistán, los insurgentes islamistas -los muyahidines- se preparan para complicar la vida a las fuerzas invasoras y al ejército gubernamental de Karmal. Los insurgentes son muy diferentes y no se ponen de acuerdo sobre cómo debe gobernarse su país en el futuro. Pero sí saben que el comunismo no es la solución y que cualquier simpatizante ruso o soviético debe pagar con su vida.

Los muyahidines saben que se enfrentan a una superpotencia militar, pero estos guerreros santos luchan con alma y corazón. Afortunadamente para ellos, gran parte del mundo se muestra escéptico ante la invasión rusa y pronto países musulmanes como Arabia Saudí, Egipto y Pakistán envían dinero y armas a los muyahidines.

Estados Unidos también se tomó en serio esta escalada rusa de la Guerra Fría y pronto envió miles de rifles Lee-Enfield y munición.

Las armas se introducen de contrabando en Afganistán desde Pakistán, donde los rebeldes se esconden en las montañas. Las fuerzas soviéticas controlan amplias zonas de Afganistán durante el día, pero por la tarde y la noche gobiernan los muyahidines, especialmente en los pasos de montaña, que son una importante ruta de suministro entre la Unión Soviética y Afganistán.

En 1980, los rusos cayeron repetidamente en emboscadas, como le ocurrió a la unidad del teniente Vladimir Polyakov en el valle de Panjshir en abril. Muy astutamente, los guerrilleros atacan con 10 a 30 hombres desde lo alto y desaparecen antes de que los rusos puedan contraatacar.

Otra táctica de los guerreros santos consiste en colocar minas en la carretera; cuando los rusos se detienen a retirarlas, los soldados son abatidos por francotiradores. Como son prácticamente invisibles, los rusos los llaman moedjahedien doechi - fantasmas.

Los doechi evitan la confrontación directa, pero sus emboscadas dificultan las maniobras rápidas y operativas de nuestras tropas. En resumen, son bestias astutas", dice un oficial ruso, cuyas tropas encuentran resistencia

regularmente en el valle de Panjshir, el estrecho pasaje
pronto apodado "Valle de la Muerte".

El valle de Panjshir se tiñe de rojo sangre

Ningún grupo de muyahidines tuvo tanto éxito como el de Achmed Shah Massud. El afgano apodado "León de Panjshir" entrena a su guerrilla en este valle de 145 kilómetros, a pocas horas en coche de Kabul.

Massoed posee excelentes dotes personales y de liderazgo. Está decidido a alcanzar sus objetivos. Un adversario inteligente y cruel", escriben los rusos en sus archivos secretos.

En los dos primeros años de la guerra, los rusos mueren en los arbustos del valle de Panjshir, y cuando Massud lanza incluso un audaz ataque contra la base aérea rusa de Bagram en abril de 1982, los rusos ya están hartos. Quieren tomar el Valle de la Muerte de una vez por todas y sofocar la resistencia.

En la mañana del 17 de mayo, aviones de guerra y helicópteros aparecen sobre el valle. Lanzan granadas y disparan cohetes contra los escondites de los muyahidines. Unas horas más tarde, una fuerza de 10.000

soldados y vehículos de combate avanza desde la entrada suroeste del valle, mientras helicópteros lanzan paracaidistas. Es una nueva táctica que abruma a los guerrilleros.

De repente volaron 200 helicópteros y aterrizaron 2.000 o 3.000 comandos. Nuestros moedjahedien estaban totalmente sorprendidos. Los rusos se desplegaron por todo el valle de Panjshir, así que casi no pudimos atacar", nos dijo más tarde uno de los combatientes de Massood.

Pero Massoed era un genio táctico. Utilizando dinamita para provocar una avalancha de rocas, bloqueó la apertura del valle a la mayor parte de las fuerzas rusas. Con eso, la amenaza inmediata había terminado y los muyahidines del valle podían centrarse en su lucha contra los paracaidistas.

En las montañas, los rusos intentan dar caza a los guerrilleros, pero pisan sobre hielo delgado. El soldado Igor Ponomarenko se da cuenta de ello cuando él y su unidad intentan en vano atacar a un grupo de muyahidines en una cresta.

45

Caminábamos de roca en roca, de piedra en piedra, cada vez más alto, mientras nos cubríamos unos a otros con nuestros fusiles. Pero no todos llegaron al otro lado del terreno rocoso. Tuvimos que dejar atrás a los muertos y a cuatro heridos. Los guerrilleros empezaron a disparar a los heridos. Y no podíamos hacer nada para detenerlos. Aún hoy puedo oír sus gritos", recordaba Ponomarenko después de la guerra.

A pesar de todos los contratiempos, los rusos se hacen temporalmente con el control del valle. Pero debido a los constantes ataques de los muyahidines, las tropas soviéticas tienen que abandonar el paso de montaña unas semanas más tarde.

En 1984, los rusos intentan un ataque aún mayor, con 20.000 hombres, pero el resultado es el mismo. Las tropas soviéticas se dan cuenta de que nunca tomarán por completo el valle de Panjshir. En su lugar, pretenden acorralar a los muyahidines con operaciones de menor envergadura y bombardeos de los pueblos del valle.

Como no pudieron derrotarnos, ahora han enfriado su ira contra gente inocente. Están matando a ancianos, mujeres y niños, destruyendo sus casas y arrasando las cosechas", se queja Massoed.

Los rusos se desmotivan

Tras años de operaciones fallidas y camaradas caídos, los rusos se vengan de la población civil por frustración. El teniente Poyakov también nota que sus hombres son cada vez más violentos y se avergüenza al comprobar que no siente remordimientos cuando ve a un civil afgano con balas en el cuerpo.

En el valle de Kunar, cerca de la frontera pakistaní, los rusos encuentran muchos pastores que pasan armas de contrabando a los muyahidines, por ejemplo atándolas bajo el vientre de sus ovejas. Entonces los rusos toman medidas enérgicas. Cuando los soldados recogen a un chico que les ha disparado con un rifle viejo y se lo llevan a su campamento, su comandante se ocupa de él con brío.

Le partió el cráneo con la culata del fusil y lo mató de un solo golpe, sin levantarse de la silla", relató un testigo ruso.

Poljakov y sus camaradas se sorprenden al ver que los lugareños ayudan a los muyahidines. De hecho, a los soldados de Moscú se les ha dicho que están en

Afganistán para ayudar a los afganos contra los imperialistas y los rebeldes islamistas.

Pero la población no espera en absoluto a los rusos, y cuanto más devastan los extranjeros, mayor es el apoyo a los rebeldes musulmanes, que ahora también se disfrazan de civiles. Los muyahidines se ocultan tras burkas y ropas de campesinos y colocan minas en relojes y grabadoras de las casas de los pueblos.

Los soldados rusos están cada vez más frustrados por la falta de progresos, y la vida en las montañas y el desierto afganos es sombría.

Arena en los ojos, arena en la boca, arena corriendo por tus venas", cantan los soldados en los barracones.

En invierno, nieva en las montañas y los veranos son muy calurosos. Los rusos andan en calzoncillos e intentan escapar del calor colocando colchones contra las ventanas y echándoles cubos de agua por encima.

Debido a las duras condiciones y al agua contaminada, los campos están plagados de disentería, fiebre tifoidea y cólera. Pero lo que Poljakov encuentra mucho peor es el consumo de drogas entre los soldados. Cuando el oficial sorprende a sus hombres fumando hachís, manda azotarlos inmediatamente, pero en todas partes los soldados desmotivados recurren a los estupefacientes.

El vodka y el licor casero son otro problema, que los muyahidines aprovechan muy bien. En cuanto sus exploradores ven que los rusos están borrachos, atacan o se cuelan en el campamento para matar a los soldados borrachos.

En Kabul, un simpatizante de los muyahidines consigue incluso emborrachar tanto a un político y a dos asesores que quedan inconscientes. El afgano se pone en contacto con los rebeldes, que acuden a la casa y recogen a los tres rusos borrachos.

'Llevamos a los borrachos a un refugio en las montañas. Cuando recuperaron la sobriedad, les dimos la oportunidad de convertirse al islam. Se negaron. No podíamos dispararles porque los disparos podrían atraer la atención de un puesto de seguridad cercano, así que los enterramos vivos", nos dijo un muyahidín.

Las armas extranjeras determinan la guerra

Aunque los rusos estaban frustrados por los escasos avances en Afganistán a mediados de la década de 1980, aún disponían de un arma poderosa: los helicópteros de ataque. Con sus ametralladoras y misiles, estos Mi-24 sembraron la muerte y la destrucción en Afganistán. E incluso en el territorio natal de los muyahidines, en lo alto de las montañas, los pilotos expertos pueden encontrar un camino entre las paredes rocosas. Desde el aire, atacan cualquier cosa que se parezca a guerrillas o a cargamentos de armas y municiones procedentes de Pakistán.

Civiles y muyahidines llaman a estos helicópteros "carruaje de Satán". Los rebeldes piden armas a los países extranjeros para poder acabar con esta pesadilla voladora. Sus plegarias son escuchadas en 1986, cuando Ronald Reagan decide que el misil estadounidense Stinger debe fabricarse en serie y enviarse a Afganistán para luchar contra el comunismo.

Durante el verano, los muyahidines recibieron formación en el uso de este misil antiaéreo de última generación y, el 26 de septiembre, un grupo, dirigido por el ingeniero "Ghaffar", se coló en una base aérea rusa al este de Kabul. Cuando se acercan cuatro Mi-24, los muyahidines se agachan con la nueva arma al hombro. Cada segundo, tres misiles Stinger vuelan a 2.700 km/h y alcanzan a tres helicópteros. Las máquinas se convierten en bolas de fuego antes de estrellarse y explotar. Los guerrilleros vuelven a colgarse los tubos de las armas a la espalda y desaparecen en las montañas.

Esta acción marca el principio del fin de la invasión rusa de Afganistán. La vida como piloto de un Mi-24 se ha convertido de repente en una amenaza para la vida, y en los meses siguientes los rusos pierden innumerables helicópteros, por valor de 12 millones de dólares cada uno.

Gorbachov quiere salir de Afganistán

Mientras la Unión Soviética está totalmente empantanada en Afganistán, muchas cosas están cambiando en Moscú, donde Mijaíl Gorbachov se ha convertido en Secretario General del Partido Comunista. El líder progresista no está a favor de la guerra en el país vecino y en noviembre de 1986 quiere detenerla.

¿Realmente tenemos que seguir luchando sin cesar para demostrar que nuestras tropas no pueden manejar la situación? Debemos terminar este proceso lo antes posible", dijo Gorbachov a sus colegas comunistas del Politburó.

Los dirigentes del Kremlin acuerdan poner fin a la guerra en un plazo de dos años. Durante siete años, 620.000 rusos y casi 300.000 soldados del gobierno afgano han intentado derrotar a los muyahidines. La guerra carece de apoyo popular y está costando una fortuna a la superpotencia, que los rusos no tienen.

En 1987, Gorbachov decidió retirar la mitad de las tropas que quedaban en Afganistán, y la última mitad regresaría a la Unión Soviética en 1988. Hasta que eso ocurra, las tropas rusas deben adoptar una posición defensiva. A partir de entonces, la lucha contra los rebeldes es tarea del nuevo líder comunista de Afganistán, Mohammed Nadjiboellah.

De la República Democrática al Estado Islámico

El Acuerdo de Peshawar del 25 de abril de 1992, que preveía un reparto del poder dentro de un gobierno provisional de unidad nacional, fue firmado por seis de los siete principales partidos de la resistencia antisoviética afgana. Algunos restos del gobierno de Nadjiboellah apoyaron el cambio de poder. Sorprendentemente, el Hezb-e Islami ("Partido Islámico"), la facción del pastún Gulbuddin Hekmatyar, se negó a firmar el acuerdo. Se declaró un Estado islámico, se introdujo la ley islámica, se cerraron bares y se obligó a las mujeres a llevar el hiyab. En junio, Burhanuddin Rabbani, líder de la facción Jamiat-e Islami ("Sociedad Islámica"), dominada por los tayikos, fue nombrado presidente interino del nuevo Estado Islámico de Afganistán. El 30 de diciembre de 1992, Rabbani fue elegido presidente de un consejo de gobierno de siete miembros para un mandato de dos años.

El ascenso de los talibanes

Sin embargo, la facción Hezb-e Islami del líder rebelde Hekmatyar (que se había escindido de Jamiat-e Islami en 1976) reclamó una parte del poder y comenzó a enfrentarse a las fuerzas de Rabbani a partir de mayo. Se desató una nueva guerra civil y se enfrentaron varias facciones. Tras meses de lucha, firmaron un acuerdo en marzo de 1993, por el que Hekmatyar se convirtió en primer ministro de Afganistán en junio y la presidencia de Rabbani se acortó de 2 a 1,5 años. Sin embargo, las batallas entre las distintas facciones rebeldes continuaron y Kabul quedó destruida en gran parte debido a los bombardeos entre las facciones enfrentadas.

Desde finales de 1994, los talibanes (literalmente: "estudiantes", es decir, estudiantes de religión), una facción islámica estricta de Pakistán, realizaron un enorme avance, consiguieron conquistar amplias zonas del país y, desde 1996, acogieron a Osama bin Laden, líder de la organización terrorista Al Qaeda. En septiembre de 1996, los talibanes tomaron la capital, Kabul, y proclamaron el Emirato Islámico de Afganistán. Introdujeron una interpretación estricta de la sharia y convirtieron el país en una teocracia. Las demás facciones acabaron formando la Alianza del Norte (nombre propio: Frente Islámico Unido para la Salvación de Afganistán) a finales de 1996, pero fueron perdiendo cada vez más terreno.

Aumento de las tensiones internacionales

El 8 de agosto de 1998, los talibanes capturaron Mazar-i-Sharif, llevando a cabo una masacre de la población chiíta que causó unos 8.000 muertos. Esto causó una gran conmoción en la comunidad internacional e Irán amenazó durante algún tiempo con invadir el país para proteger a los chiíes, pero gracias a la mediación de las Naciones Unidas se abstuvo de hacerlo.

Ese mismo año, Al Qaeda perpetró dos atentados contra embajadas estadounidenses en Kenia y Tanzania. En 1999, el FBI incluyó a Osama bin Laden en una lista de las 10 personas más buscadas.

Al año siguiente, los talibanes reconocieron a Chechenia como república islámica independiente, lo que aumentó las tensiones con Rusia. En diciembre de 2000, las Naciones Unidas adoptaron la resolución 1333 que imponía sanciones al régimen talibán, exigiéndole que
59

dejara de apoyar a organizaciones terroristas y pusiera fin inmediatamente a sus violaciones de los derechos humanos, especialmente contra mujeres y niñas. En marzo de 2001, los talibanes destruyeron los famosos budas de Bamyan por considerarlos "idolatría", lo que provocó de nuevo grandes protestas internacionales.

Intervención estadounidense

El 11 de septiembre de 2001, 19 secuestradores de Al Qaeda perpetraron atentados terroristas en Estados Unidos que causaron la muerte de casi 3.000 ciudadanos estadounidenses. Estados Unidos lo trató como un ataque directo, consiguió la ayuda de sus aliados de la OTAN y declaró la guerra a Al Qaeda y a todas las demás organizaciones terroristas.

Después de que los talibanes se negaran a entregar a Osama bin Laden y sus secuaces, Estados Unidos y otras fuerzas de la OTAN invadieron Afganistán el 7 de octubre de 2001, como aliados de la Alianza del Norte. Esto dio comienzo a la Guerra de Afganistán (2001-presente). Al cabo de tres meses, el país estaba casi totalmente bajo el control de la Alianza del Norte y la OTAN, pero Bin Laden y otros dirigentes de Al Qaeda y los talibanes ya habían huido del país. Desde entonces, los talibanes y Al Qaeda libran una guerra de guerrillas para intentar reconquistar Afganistán.